みちくさ発見伝

目次

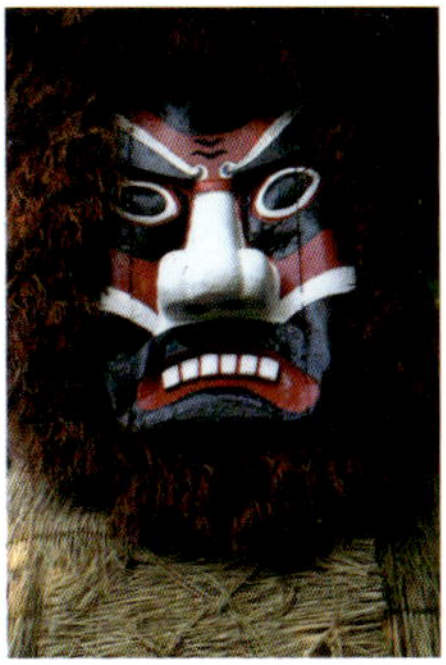

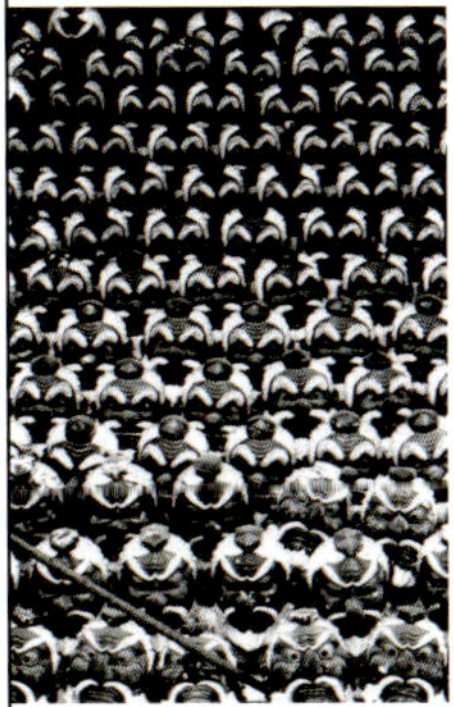

■鬼さんこちら

◆津軽の鬼っこ

青森県・津軽半島一帯

愛嬌ある鬼コをご存知でしょうか。「津軽の鬼コ〜」わらべ唄にも唄われてきた鬼コは、悪霊を防ぐ魔除けに氏子一同が神社の鳥居にあげるものである。鬼コを奉納して悪霊、悪疫の退散、また鬼の神通力にあやかって強い子供に育てたいと祈願する。これは全国的みても珍しい津軽独特の神社信仰で、鳥居の島木を支える姿にはほほえましいさや可愛が感じられる。素晴らしく、貴重な民俗遺産である。津軽の神社には鬼コの他に珍しい形の注連縄などもあって、楽しい神社巡りができる。

↑
緑眼、全身真っ赤な愛嬌たっぷりの赤鬼君「いいな〜」と手を叩いてしまう傑作。
弘前市石川・八幡宮

行儀の良い鬼さん　北津軽郡板柳町　稲荷神社

なぜか眉毛が赤い青鬼君　平川市日沼・三社神社

ブタ鼻のいたずら少年風
見たとたん思わず
こちらもニコリ

五所川原市・闇おかみ神社

●鬼コは赤鬼が一番多く、緑、青、無色などもいて楽しいものですが、津軽の全ての神社にいるわけではありません。

↑
弘前市
撫牛子（ナイジョウシ）八幡宮
最初の鬼コは甲冑師・高山玄南作の木彫だったが、明治26年の大火で焼失し今の鬼コは大正8年（1919）に石工・桜庭音吉が鳥居と共に工費千五百円で制作したという。

あまり役にたちそうにないのんき型。
五所川原市金木川倉　三柱神社　←

↑リラックス守護型
一生懸命守護する気などなく見えるのですが・・
弘前市鳥井野・白山姫神社

左上から
●老体なのでしょうか、総入歯的。鳥居から落ちるといけないので縛られてその上から色を塗られたようです。
五所川原市長富　高おかみ神社
●酔いどれ悪態おやじ風。　五所川原市金木喜良市・立野神社
●ちょっと汚ない鼻たれの丸顔さん。
弘前市富栄　神明宮

◆建物の妻にいる魔よけの鬼さん

山梨県甲州市大和初狩・初狩野諏訪神社　　上２枚
長野県大町市・金山神社　　　　　　　　　中２枚
長野県安曇野市・松尾寺　　　／　　長野県大町市・若一王子神社

上右　滑稽で楽しいです。
長野県松本市・埴生神社

上左　牙歯が愉快、作者は右と同じかも・・。
長野県松本市・クスノ八幡宮

中右　色のない素木の鬼は頼もしく感じます。
山梨県北杜市高根町・玉川神社

中左　邪鬼です。凄い顔ですね怖いですね〜。
栃木県日光市山内・輪王寺常行堂

下　こちらはかなり漫画チックな邪鬼です。
埼玉県比企郡吉見町・吉見観音

◆楽しい鬼のいる神社

大阪府枚方市牧野坂

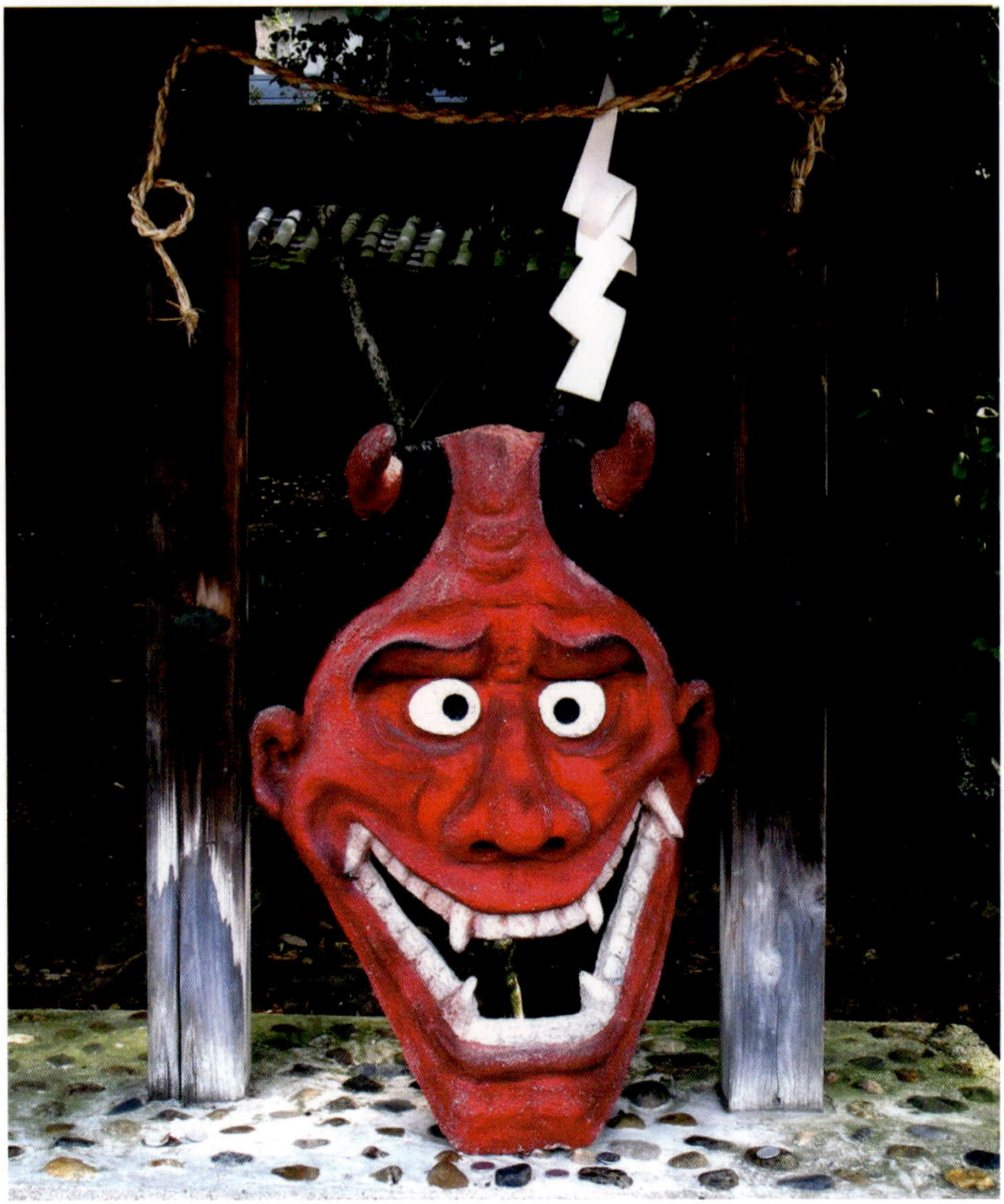

古い歴史ある神社だが戦国時代の戦乱で荒廃し、後に豊臣秀吉が復興、大坂城の鬼門の方角にあることから鬼門鎮護の社とされた・大坂城天主の北東の石垣に鬼門を刻み（現存せず）当神社と対峙させたという。鬼門除けの神社とされたことから今も方除、厄除の神社として信仰されている。節分の豆まきでは「鬼は内」である。写真の鬼は古いものではないが、ユニークで愛嬌のある鬼さんで、どなたの作か知りたいもの。御朱印にも当然鬼がいてこちらはやや凄みのある表情である。華やかな本殿は国指定重要文化財。

◆鬼の語源

語源はおぬ（隠）が転じたもの。隠れる＝本来姿が見えないもの、現世にいないものを意味する。そこから人力を越えた強い者の意となり、鬼のような・・という悪者のイメージと共に強いということから守護神ともなり、社殿の妻や民家の鬼瓦としても登場する。仏教の鬼は、生前貪欲だった者は死後に餓鬼になるとされる。能の般若面は嫉妬心から鬼と化した女性の姿の典型である。

天邪鬼（あまのじゃくは）「天探女＝あまのさぐめ」という悪神の名前が転化したものという。天探女は古事記等に登場する人の心を探り意に逆らうひねくれた神だったらしい。仁王や四天王に踏みつけられている鬼も天邪鬼である。懲らしめられているわけではなく、尊像からの指令を待つ忠実な家来の姿という説もある。仏教では天邪鬼は人間の煩悩の象徴としている。楽しい鬼たちは全国津々浦々に棲息しているので会いに行こう。

↑　クネノ内正八幡宮の鬼瓦　長野県松本市

◆悟りの鬼　埼玉県所沢市・多聞院

多聞院毘沙門堂の参道脇に我慢をしている鬼がいる。この名は「鬼の悟り」。わがままを通す人達への戒めの願いが込められているそうで、身の縮む思いがする。不況など苦難時代には、サラリーマンがその霊感に授かろうと多くが参拝に訪れるようである。

東京都板橋区の浄蓮寺にも似たポーズの何でも耐える「がまんの鬼」がいて知名度はこちらの方が高い。呼び名は違うがポーズ、顔も似ている。力感の素晴らしさは多聞院が勝るように見えた。どちらも見応え十分。

いずれにせよ、何でも我慢し悟りの境地に至ることなど凡人には至難であり、教え理解し体動かず。

◆鬼の寒念仏

埼玉県所沢市・多聞院
東京都目黒区八雲・東光寺

寒念仏とは、浄土宗系の寺で大寒を軸に寒中に行う念仏の事である。かつて寒念仏は冬の季語として通用するほど知られていた。「南無阿弥陀仏」を唱え鉦を叩きながら寺や民家を巡って罪過を払い、報謝をもとめて巡行する行事である。

鬼の片方の角が折れているのには理由がある。角は「我」の象徴であり角が折れると我がなくなり一人前になるという教えである。寒念仏は鬼が僧衣を着て手には鉦や奉加帳を持ち背中には傘を背負っている。法衣を纏っても頭の角は隠せない、慈悲ある僧の姿とは裏腹な偽善者を風刺した姿という。

左は東京都目黒区にいる寒念仏で高さ50cmほど。小さな牙もあって確かに鬼の顔だがユーモラスです。

◆猛烈なる邪鬼

茨城県つくば市大形・鹿島神社

当神社の本殿は一間社流造、華麗な彫刻に彩られた延享２年（1745／県指定文化財）竣工の建築である。この本殿を支える足元の邪鬼が素晴らしい。稀に見る凄い形相で見る者を魅了する。

◆神社彫刻の鬼さん

↑建物に噛みついている鬼。祭り山車に良く見られる「鬼熊」と同じようだが，鬼熊は熊の妖怪なのでツノが見えない。したがってこちらは邪鬼と思うのですが鬼熊の仲間ですかねぇ？

赤城神社本殿　群馬県渋川市赤城町

←鬼さんは何をしているでしょう?。大工彫刻としてもなかなかの傑作。

初狩野諏訪神社本殿脇障子　山梨県甲州市大和初狩

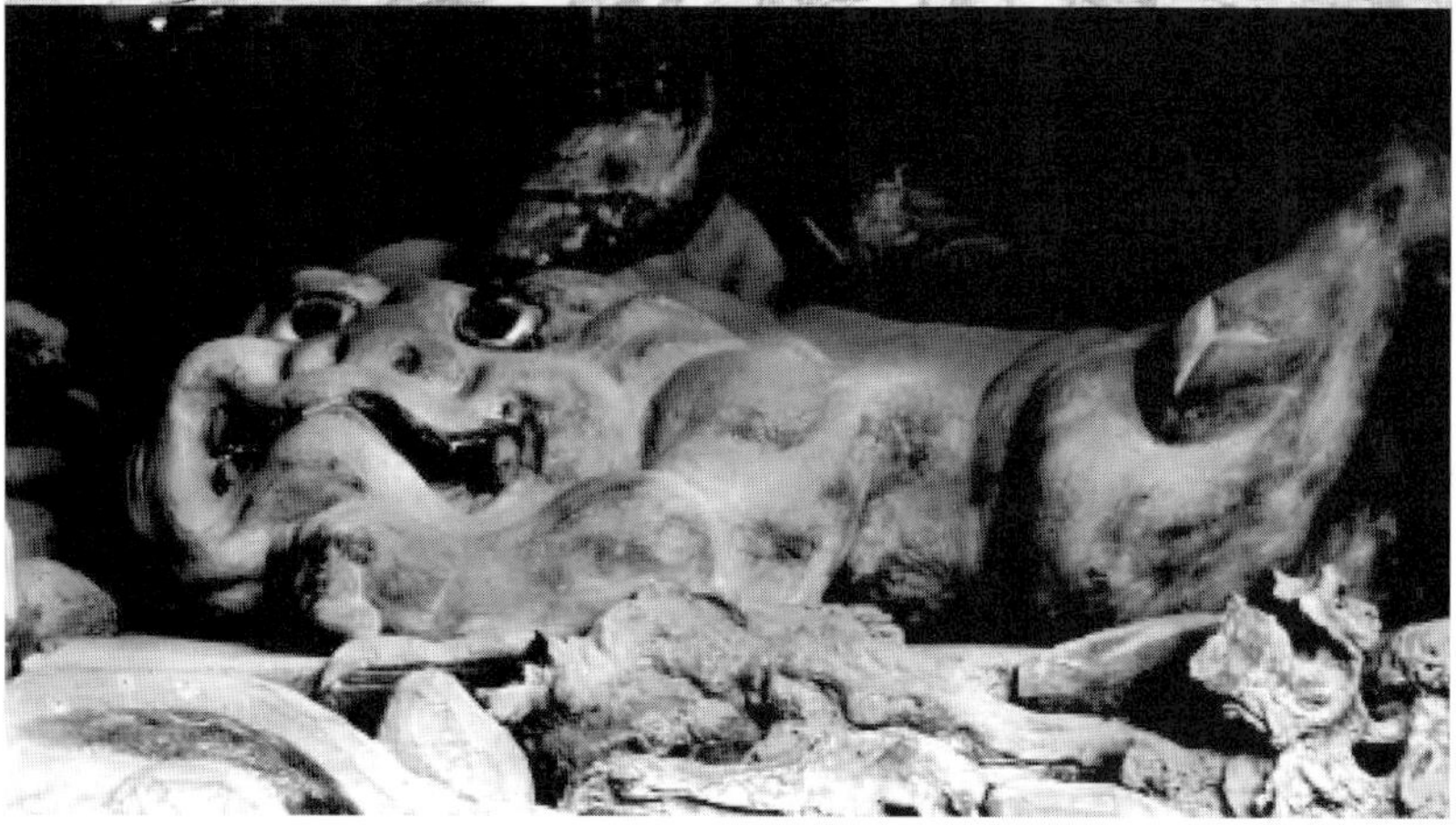

◆踏まれる邪鬼

東京都葛飾区・柴又帝釈天

妖怪的表情の邪鬼です。フーテンの寅さんでお馴染みの柴又帝釈天の二天門の増長天（上）、広目天に踏まれる邪鬼。帝釈堂には素晴らしい彫刻群があり多くの人は参詣とその拝観が目的であって、二天門の彫像に足を止める人は稀である。二天門の彫刻群も良い。しかし何といってもこの邪鬼が傑出していると思うのは偏見だろうか？と訝るほどに参拝者たちは足早に門を通りぬけて境内に向かう。踏まれる邪鬼は青面金剛（庚申塔）にも多い。

◆雲蝶作・酒天童子の鬼退治

新潟県南魚沼市穴地　穴地十二大明神

神社の彫刻は名工・石川雲蝶の作品。近年は越後のミケランジェロなどと冠を付けられ観光資源になっている江戸末期の彫物師で、江戸・雑司ヶ谷出身の名工である。

向拝には龍等の動物が彫られているが色は僅かに残る程度である。内部の欄間彫刻が素晴らしいが未完成といわれる。無彩色で雲蝶の力量が良く伝わる作品だが、特に左側の「酒天童子の大江山の鬼退治」が楽しい。鬼が逆さになっていて見た瞬間は判りにくいが面白い作品だ。

社殿は元治元年（1864）の再建で向拝の彫刻はその前の文久2年（1862）に完成しているにも拘わらず、内部の彫刻が何故未完成だったのか不思議である。

神社は小集落の一角にある小堂

◆天邪鬼の民話　岐阜県関市・神光寺

この天邪鬼（あまのじゃく）にはこんな民話がある。寺の新築工事の時、その様子をどこからか見ていたこの邪鬼が笑いながらやってきて大工たちをからかった。

「また何か悪さをしにきたな！。おまえに建物のことがわかるものか。口出しをするな」

と大工たちが怒ると邪鬼は

「おれはいろんな寺を見ているからこの程度の屋根は二本の柱で十分だこんな屋根なら俺でも持ち上げれる」

とバカにしたように言う。大工は

「それならためしに持ち上げてみろ」

というと邪鬼は、軽い軽いと言いながら屋視の下に来て棟木を持ち上げた。大工たちはここぞとばかりにサッと他のツンバリを取ってしまった。びっくりした邪鬼は手ばなすことができず必死になって屋根を支えて

「早くツンバリを入れてくれ。重たい・・」

と叫んだが、大工たちは

「そこでしっかり屋根をささえていてくれよ。屋根はお前にまかせた」

といって帰ってしまった。それ以来、神光寺の屋根は、今でもこの天邪鬼が支えているのだという。天邪鬼の頑張りでこの屋根は伊勢湾台風の時にも飛ばされなかったといわれている。民話は楽しい。

■人形道祖神たち

人形道祖神は藁や木などで作られ4mを越えるものもある。基本的に集落の境にあり石仏など道祖神と同じような意味で、よそ者や疫病などの侵入を防ぎ鎮めると考えられてきたものである。

◆秋田のショウキたち　秋田県大館市　他

秋田の「ショウキ様」は古来より疫病を防ぐ鬼神と伝えられ、毎年新藁で衣替えし村内安寧を祈願するという。湯沢の岩崎などで見られる「鹿島様」も同類の道祖神。秋田県内には多種の道祖神がいて、その名称は「お人形様」「仁王様」など様々で形状も異なる。これだけ多くの種類と数があるのは他県にはなく秋田の誇れる文化遺産である。

安政4年(1857)の記録によれば、集落を護るために村の上と下に「寒神三柱神社」「五穀豊穣」などと書いた旗を掲げた藁人形を立てている。悪霊が村内に入らないようにと両手を広げた制止の姿である。人形まつりは春秋の二回行われる(粕田の説明板より抜粋)。伝承し続けて欲しい貴重な習俗である。

大館市白沢松原集落　説明板には「仁王」とある→

→異常に顔が小さく、手は悪霊を止めるためにグローブ以上の大きさで存在感あるフォルムだ。五穀豊穣やがんばれなどと書かれた旗が刺してある。　大館市粕田清水川

悪者を集落に入れないために秋田も福島も新潟も「とうせんぼ！」の姿が多いが寄らば切るぞ！の武士姿もある。

↑大館市内の堂内にいる大きなショウキ様

右　見事な細工の大きなショウキ様。２mはありそうだ。上下共に横手市雄物川町
左　眼鏡かけているような男神と女神　大館市内

◆福島のお人形様

福島県の「お人形さま」も村境の丘上などに立ち、外からくる悪疫の侵入を防ぎ村を守る境界神。

「磐城街道の五人形」又は「七里が浜の五人形」といわれ、旧磐城街道沿いに悪疫封じに立てられた五つの大人形で江戸時代からの習俗である。現在では田村市船引町の朴橋（ほうのきばし）、屋形、堀越の三地区に伝承されている。

●堀越のお人形様　福島県田村市船引町堀越唯一屋根がかかっている像で三体の中では一番小さいがそれでも３ｍはある。平成４年９月に明治40年以来実に87年ぶりに復元された。

↑
●朴橋（ほうのきばし）のお人形様
船引町朴橋地区
身長４ｍ。毎年旧暦の三月十五日に衣替えと祭事が行われる。祭事には朴橋と梅ケ崎の住人が藁３束づつを持ちよる。お人形様の祭神は久延毘古命（くえひこのみこと）である。杉の葉ヘアの雰囲気は、何となく現役時代の具志堅用高さん似でした。

●屋形のお人形様
福島県田村市船引町芦沢下屋形
全高４ｍ、顔は欅の一枚板で重さ60キロ。
現物を見なくてはこの迫力は理解できません。
「福島にぜひこらんしょ～」

◆だいだらぼっち

茨城県石岡市井関字代田　★市指定民俗文化財

大人形の一つである。だいだらぼっちとは日本各地に伝わる巨人で山や湖沼を作ったという伝承が多く、元々は国創りの神に対する巨人信仰が生んだものと考えられている。民俗学者の柳田國男は大人（おおひと）を意味する「大太郎」に「法師」を付けた大人法師（だいたろうほうし）で、一寸法師の反対の意味であるとしている。つまりだいだらほうしがだいだらぼっちに変化したというわけである。他説もあるようだ。

石岡市井関のだいだらぼっちは、集落に疫病や災害が入ることを防ぐためのものと言われ、毎年8月16日に藁、杉の葉を使って作られ、地区の境に置かれる。一年間そのまま置かれ次の盆に作りかえられる。代田では天明の大飢饉の際に村に疫病が入らないように作られ始めたといわれている。槍、太刀を持つ男根逞しい2ｍほどの大人形である。

●同じ地域にあるだいだらぼっち
顔は歌舞伎の隈どり風でなかなか格好良いが身体は杉の葉っぱなので、枯れるとこのようにちょっと情けない。

◆風袋様

福島県石川郡浅川町
★町指定民俗文化財

風袋（かぜぶくろ）様は立春から数えて二百十日の前日に行われる伝統行事で、台風から稲作を守り豊作を祈るという全国的にも珍しい行事である。大きな目で睨み、大きな口で台風を飲み込み、田畑や地域を守るという言い伝えがある。農民たちは風袋様と共に先祖伝来の土地を今も守り続けている。

風袋様は集落入口の木に括りつけられて村を守っている。

◆信濃の道祖神

長野県長野市大岡
(旧大岡村)

こちらは全国的に有名な信州の藁神様である。正月7日、家々の注連縄を集めて威厳を持たせた神面を作り、道祖神碑に飾りつけて村に悪霊が入らないように、豊作になるようにと祈る。15才になった若者が道祖神に一升を添えて若い衆の仲間入りをするのもこの時である。供えたお神酒がくばられ、直会(なおらい)が行われる。一年間の守護を務めた古い神面は夜のどんど焼きで焼かれ自然に帰る。祭事の起源は明治初期と伝えられる。この道祖神は長野オリンピックに登場し世界中の喝采を浴びた魅力的な藁神である。

◆越後のショウキ

新潟県東蒲原郡阿賀野町

ショウキは五穀豊穣や無病息災を願い、大きな藁人形を集落に祀る伝統行事「正鬼祭り」に因む大人形で、阿賀野川流域の東蒲原郡阿賀町の五集落（平瀬・夏渡戸・武須沢入・大牧・熊渡）と新発田市市浦の集落に伝わっている。製作から奉納までを村人が行う。高さ、巾共に9尺の男神。茨城同様に凛々しい男根が特徴の人形様で、男性諸君はちょっと劣等感？

大牧集落の「鐘馗まつり」は、人々が自分の体の具合の悪い個所を紙に書いて藁に包み製作中のショウキの同じ部位に入れて平癒を祈る。ショウキは村境に立って災厄を防いでくれると信じられている。

■守護神たち

◆社殿を護る力士像

力士像は彩色、素木と様々だが傑作揃い、職人の個性と技量の彫刻展を見るようで芸樹家の作品に優る魅力がある。

写真／悪者を威嚇する迫力ある力士像
秋田県北仙北郡十文字町
今木神社

力士像は比較的凝った社寺にいる。一部の寺院にもいるが基本的に神社が多い。全国に見られるが秋田県、山形県、青森県南部が圧倒的に多い。関東などでは邪鬼がいることが多く、社殿を護るという意味では同じである。

力士像（邪鬼）は中国の思想や建築様式が渡来した六百～七百年頃に伝えられたと思われる。力士が屋根を支えるのは相撲は神事で奉納相撲という習慣もあるためで、土俵上の四隅に下がる四色の房は四神（青龍・朱雀・白虎・玄武）を表す。故に力士＝四神が神殿を守ることに繋がる。

写真上、次頁共に
北秋田市仁井田本町・神明社

上右　筋骨隆々たる若者風　秋田県仙北郡十文字町・愛宕神社
左　屋根を支えるポーズだろうが、それにしてはリラックス。
秋田県仙北郡十文字町・貴船神社
下　暗い軒下で目だけが不気味に白くどのように造られているのか手の届かぬ場所だけに気になる。
北秋田市雄和草川・八幡神社

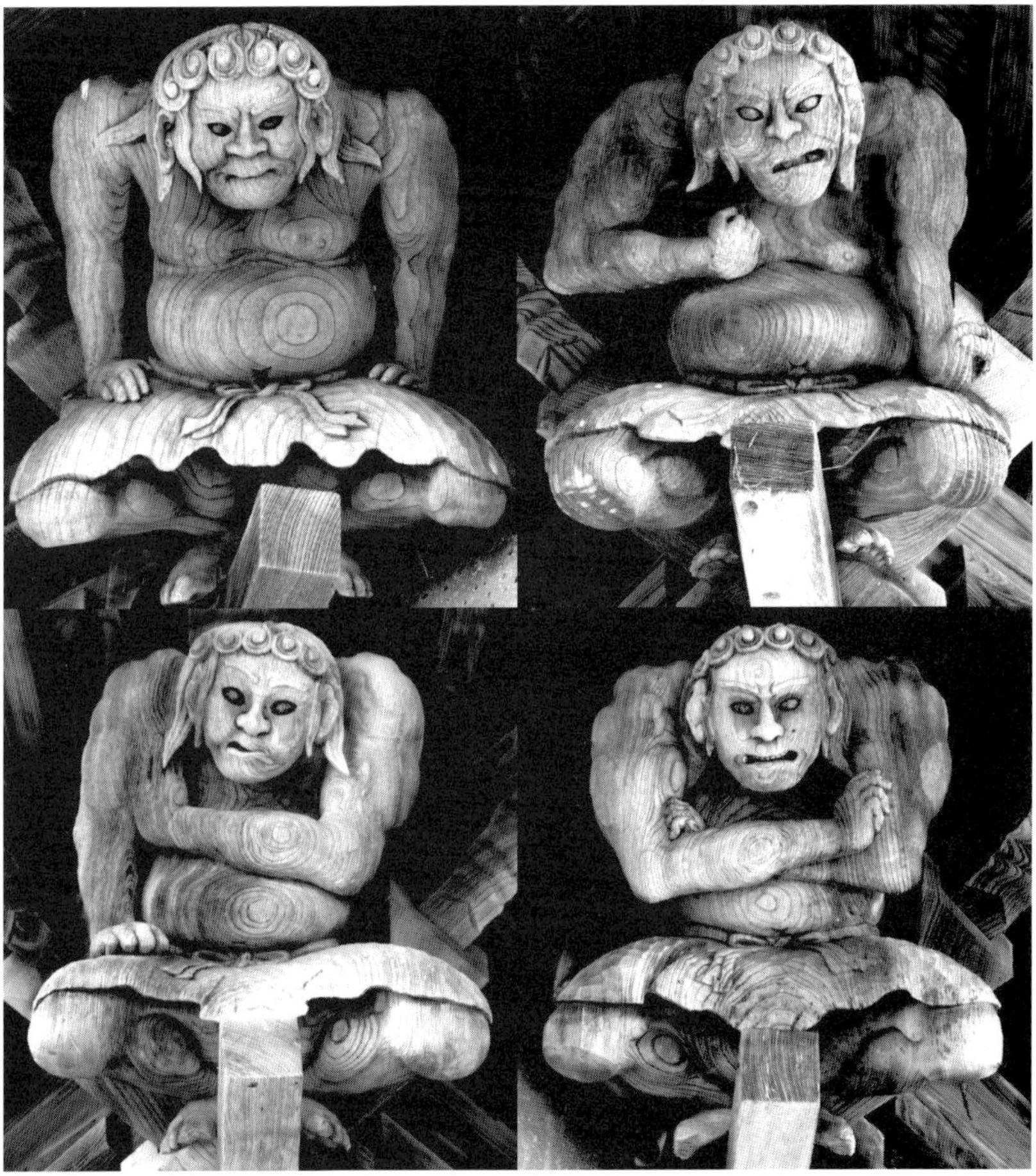

四士の表情を誇張し過ぎず見事に
変えている表現力に感心する。
北秋田市井川町・熊野神社

上　モダンデザイン的。既存の力士像への挑戦だろうか。
秋田県大仙市増田町・田村神社

下　秋田県北仙北郡十文字町
今木神社

力士たちはどちらかというと中年と思えるしぶ～い顔立ちが多い。

↑秋田県横手市・塩湯鶴ケ池神社

← 仙北郡雄物川町・八坂神社

このような楽しい表情のものは極めて少ない。守護神だからやたらニコニコは信用ならないが何故これまでにこやかなのか理由が知りたいもの。作者の人柄だろうか。

秋田市河辺戸島七曲・神明社

外敵を止める「お待ちなせい！」型。芝居風の手の表情がいい。
秋田県雄勝郡東成瀬村・肴沢神社

→威勢の良さを感じる怒り肩ポーズ。　秋田県大仙市協和荒川・薬師神社
↑目玉がないと恐ろしげです。秋田県横手市下境荒田・貴船神社
左頁
両手で社殿を支えているポーズが多いが、このように睨みを利かせる外敵阻止の姿も多い。　秋田県雄勝郡東成瀬村・山神社

◆風神雷神

人間が恐れる自然現象のうち身近で起きる風と雷を神格化したものである。雷神を祀る神社などは各地にあるがその彫像は意外に少ない。千手観音の眷属である二十八部衆のそばにいる場合が多く、風神は風袋を背負い雷神は数個の小太鼓を持つのが通常である。絵画では俵屋宗達の風神雷神図がお馴染みである。彫像では三十三間堂（京都／木彫）の像が良く知られているが、ここに登場するのはそれらにも引けを取らない、しかも滅多にお目にかかれない市井の傑作である。

●簡略化されたシンプル且つユニークな風神。村の端に立ち疫病や台風を防ぐ守護神。

新潟県南魚沼郡湯沢町・熊野神社

●個性溢れる素晴らしい風神である。寺には千二百羅漢群がある。その羅漢の取材で伺った時、この像に惹かれて寺の人に尋ねると「風神です。古いものではありませんが・・」とのこと。確かに風袋の口がある。作者名を訊きそびれたが石仏群の印象をこの風神が一手に引き受けている感があった。国宝、国重文の仏像を凌駕する快作である。雷神も素晴らしい。　京都市右京区・愛宕念仏寺

●勝浦の風神雷神
千葉県勝浦市部原・滝口神社

房総の小さな神社の本殿脇障子にいる素晴らしい風神雷神である。非常に綺麗なので近年の作と思える。豊かな表現力と優れた技量の持ち主の仕事である。詳細を知りたくとも境内のどこにも説明は無く仕方なくあきらめたが、時間をかけても見に行く価値がある二神である。

●賢沼寺の風神

福島県いわき市平・沼之内弁才天（賢沼寺）

賢沼寺は大同2年（807）に徳一によって建てられた弁財天を祀る堂に始まると伝えられる。この風神のいる山門は市指定文化財だったが、3・11東北大地震で寺は大被害を受け復興中で境内に入ることはできない。この像はもうないかもしれないが、稀なる異相の彫像である。

●漫画チックな雷神　福島県福島市飯野町・小手神社

漫画的風神雷神で風神はブルーである。福島市指定文化財だが何故か詳細は示されていない。何が指定の因となったのだろう。近代のもののような表情だが幕末〜明治初期辺りのものかも知れない。とてもユニークではある。

◆仁王たち　仁王＝金剛力士像。仏教の守護神である天部の一つ。。東大寺南大門や法隆寺中門などの仁王は有名だが、ここに登場するのはそれらに優る希有な傑作たちです。

●童子仁王　昔の少年雑誌に登場しそうな顔立ちに心和む。　埼玉県秩父市・栄福寺（童子堂）

●絢爛なる雲蝶の仁王　新潟県南魚沼郡湯沢町・瑞祥庵
石川雲蝶（イシカワウンチョウ）は文化11年（1814）江戸・雑司ヶ谷生まれ、本名は安兵衛。32歳の時、越後（現・魚沼市堀之内）の永林寺22世円応弁成和尚の招きで越後に赴く。永林寺の彫刻群始め越後一帯で多くの作品を残し明治16年（1883）他界。
個性溢れる仁王像で雲蝶の色彩感覚が良く表らわれている。

●和平の仁王

福島県石川郡石川町大字沢井大池下・長福院

石工・小林和平（こばやし わへい・1881～1966）は、大正～昭和時代にかけて福島県内中心に活躍した石彫家。師匠である小松寅吉の技術を受け継ぎ、優れた狛犬を残した名工としても知られている。この長福院の仁王像一対も和平の作だが、銘は和平の変名「和東斎剣石」となっている。この銘の作品は後にも先にもこれだけである。大正2年（1913）和平31歳の作。そばに毘沙門天像があるがこれも老いた師・寅吉に代わって和平が彫ったといわれる。この二年後の大正4年（1915）二月に寅吉は71歳で他界した。仁王は1mほどの小像だがその類例のない表情、ややぎこちない手の造りなどに和平の豊かな個性が感じられる。

●雷電為右衛門の仁王

長野県東御市田中　★市指定文化財

「田中の石造仁王」は薬師堂前にある。阿像（上）は当地出身の名横綱・雷電為右衛門自身が大関昇進の後の寛政8年（1796／江戸中期）に奉納したものである。吽像は明和3年（1766）に為右衛門の母が奉納したものである。共に全身真っ赤に塗られた石造で2m前後の大きさ。表情がコミカルで楽しく見る人の心を和ませる。為右衛門は現役21年間、36場所中負けたのは10回だけで勝率9割6分2厘の大相撲史上最強の力士といわれる。

●赤紙仁王

東京都北区田端・東覚寺

全身に赤紙が貼られて何も見えません。赤紙仁王と呼ばれるこの仁王は、身体の悪い人が疾患のある場所に赤い紙を貼って祈願すれば病気が治ると信じられている。味噌地蔵や塩地蔵などと似た話である。寛永18年（1614）に僧・宗海が願主となって流行していた疫病を治めるために建立したといわれる。石仏としても古くて貴重だが、なかなか顔を拝めない仁王さんである。

●ユニーク仁王いろいろ

上右　西光寺の巨大仁王　　山形県北村山郡大石田町
慶応３年（1867）大石田の彫刻家・柴川文蔵が東京浅草の仁王に似せて20人の職人と共に造ったもの。像高3・64m

左　青い仁王もいま〜す　福島県田村市　堂山神社

下右　ユニーク寺の仁王　　群馬県利根郡みなかみ町・水上寺
コンサート等も催し変わった彫像も多い柔軟性あるユニークなお寺です。

左　申し分ない凄い個性！必見です　岩手県遠野市・福泉寺

異相の神々

―修那羅峠・霊諍山・明日香―

◆修那羅峠の石神群　長野県東筑摩郡筑北村・安宮神社　（小県郡青木村との境）

修那羅大天武（しょならだいてんぶ）と称する修験者が江戸末期の安政年間に古くから鎮座する大国主命の社殿を修復し、加持祈祷をして多くの人々の信仰を集めたのが安宮神社の始まりである。神社の周囲には七百体余りの石像があるといわれる。像の多くは像高40㎝前後で、幕末～明治にかけて信奉者や地域の人々が建立したものである。そのうちの１／３ほどが石神仏で、その中の数体は意表を突かれる魅力的な異形、異相の像だが数は多くはない。

●摩利支天
ややおじさん顔だが表現も技術も状態も良い。修那羅の多くの像は制作年などが読み取りにくい。

●悪霊神?
神社の記述では「悪霊神」となっているようだが、「鬼神」や「猫神の一種」とも言われるなど結局、古い石仏は今びとには良く判らないということですが、とてもとても斬新な造形で拍手です!

●神農像
神農は農業と医薬の神といわれ、農業の創始者ともいわれる。
くわえているのは薬草とか。怖い表情で存在感十分！　像高48cm

●大切皇神などと書かれています。
右は船の櫓を持ち左は剣、平家の士という話もあります。

●大日如来。簡素化された手足の表現が抜群。←

上右　略式多面観音。略し方がとてもモダンです。

左　蔵王権現。小像ですが力感溢れます。

下　正体不明。怪しいですがなぜか見とれます
比較的新しい像ようです。修那羅は今も奉像がされ
ている様子です。

◆霊諍山（れいじょうざん）の石神群　長野県千曲市八幡・大雲寺裏山

修那羅の安宮神社を創建した修那羅大天武が自分を「霊諍山」と名乗ったといわれ、その弟子がその名をこの山につけたという。霊諍山を開いたのはこの地出身の北川原権兵衛である。ここも異像があり修那羅峠石仏群との関係も深い。明治以降に造られたと思われる自由な発想による像たちだが数は少ない。像は猫神が中心的な位置に祀られ、子育地蔵、鬼、摩利支天、大日如来など修那羅と共通する石神仏が多い。特に、猫神、奪衣婆は他に類を見ない個性溢れる像で、松風騒ぐ山上に立つ。いささかきつい小登山だがこの異形に会えるなら大した苦労ではない。

●猫神
見た瞬間が驚きとおかしさに同時に襲われる怪作！。パーマンという漫画を思いださせるがパーマンよりずっと古い、ふんどしをしめた猫神です。
蚕は繭になり放っておくと蛾の成虫となって繭を破って出るが、その前に釜ゆでしてそこから生糸を紡ぐ。さなぎは死んで繭の中に残るからそれをネズミが狙い繭がダメになる。そこでネズミ退治の猫が登場。猫神像はネズミの被害防止と養蚕の隆盛を願ってあちこちで造られたようだが、これほどユニークな像は他にないだろう。

●奪衣婆　三途の川で亡者の衣を剥ぐという奪衣婆（だつえば）だがここまで異相の石像は見たことがない。爺にも見るが前頁の猫神に劣らぬ怪作！

↑

●摩利支天　修那羅より上手いと思う。

●不動明王

二体とも良い。有名仏像たちにはこの個性が無く真面目過ぎる表情が多く、味わいに欠けて退屈です。

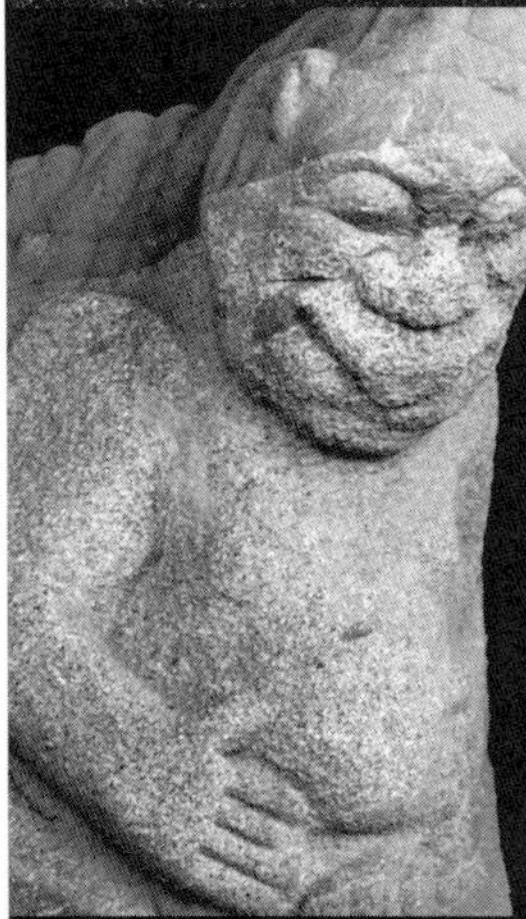

◆明日香の異像　奈良県吉野郡明日香村

明日香村に吉備姫王（きびひめのみこ）の墓がある。吉備姫は第35代皇極天皇及び第36代孝徳天皇の生母である。墓よりも人々を惹きつけるのは四体の不思議な石像である。かなり有名なので改めて紹介するのもはばかるが、類例のないその奇像は修那羅などとは異なる魅力があり無視できない。高さ１ｍほどで「僧」「男」「女」「山王権現」の名があるが、総称は「猿石」となっている。付近の田圃で発掘されたようだが誰が何時、何のために作ったかは謎である。韓国の弥勒寺跡には似たような像があると聞く。
明日香は他にも不思議な石造物があって散歩が楽しい。

右／女　左上から　男　山王権現　僧

■あんなものこんなものいろんなもの

◆香車の駒群

栃木県日光市山内
輪王寺開山堂の隣

一間社流造りの朱塗りの堂の前面に石鳥居がある。これが「産の宮」で、堂の前面には将棋の駒「香車」が数多くま積まれている、別名「香車堂」。妊娠した女性がこの堂にお参りして堂前の香車の駒を借りてきて祈願するとそのご利益で安産できるという。将棋の香車は直進しかできない駒なので、まっしぐらに安産できることを叶えてくれる神として信仰されたのである。そして安産できた暁には、御礼として新しく駒を作って借りてきた駒とともに返す。したがって駒の数は増えるばかり。この堂の御本尊は楊柳観音（ようりゅうかんのん）なので正式には観音堂である。

◆おっぱい群

母乳が沢山出ますようにと妊婦や赤子を持つ母親が奉納する乳房群である。絵馬型やお手玉風など様々である。男性には用が無いと思うのだが近年ではカップルで詣でる人もいるらしい。目的は違うが成人男性もおっぱいには興味はありま〜す。外国にもこんなのあるんでしょうか。子供関連でいうと子宝祈願は乳参りよりはるかに多く、チンチン群、チンマン群は全国に沢山ある、が**股**の機会に。

↑乳絵馬とでもいうのでしょうか　愛知県小牧市・間々観音＝龍音寺

←乳神様というらしい。本当は上の木に吊すらしいのですが崖で登れないの土止めの金網が代用になったみたいです　岩手県遠野市

◆**うねどり様**（卯子酉様）

岩手県遠野市遠野町・卯子酉神社

何やら赤い布が無数にヒ～ラヒラ。一見不気味だがここは恋愛成就の神社である。

かつてはこの辺りは大きな淵で「淵の主」が住み、その主に男女の縁を祈ると良く叶ったという。今は左手一本で赤い布を結び付けることができれば願いが叶うといわれる。疑わず頑張っているお嬢さんもいて微笑ましい。

その願いの赤い無数の布の風景なのだが、やはりちょっと不気味だ。景色としての魅力はあるが中身は色恋沙汰である。

◆ムカサリ絵額　山形県天童市・東根市

山形や岩手には、古くから伝わる「冥婚」という不思議な風習がある。未婚のまま若くしてこの世を去ったわが子を憐れみ、親たちが一枚の婚礼写真のような絵額を寺などに奉納する。これを「ムカサリ絵馬」と呼ぶ。ムカサリとは婚礼の意で「迎える、去る」が語源という。

絵馬は、婚礼衣装の男女が並んで描かれ、端に人物の名前と享年などが記されている。伴侶を得られなかった者があの世で寂しくないようにとの親族の思いやりの供養であろう。本来は親族自ら絵馬を描いたが、いつからか専門に描くムカサリ絵師が現れ、依頼されるようになったという。岩手県遠野市では平成13年にむかさり絵馬の展覧会が開かれ、その際には「供養絵額」と名付けられている。

↑山形県天童市・若松寺

←山形県東根市・黒鳥観音

◆水子地蔵の風景

埼玉県秩父郡小鹿野・地蔵寺

遠くから見た瞬間は何だろうと目をこする光景である。様々な理由でこの世にできなかった子を水子というが、元来「水子」という呼び方はなかったようだ。水子という呼び名は、生まれて間もなく海に流された日本神話の神・水蛭子が転じたもとされている。

昭和45年（1970）頃から水子を供養する習慣が広まり、壇家が減少してきた寺院が墓石業者とタイアップして水子供養を宣伝したことも大きく影響したといわれる。そしてここ小鹿野の山に駈け上るが如き猛烈な水子地蔵の光景も出現するに至った。不憫な子を思う親心の群像風景である。

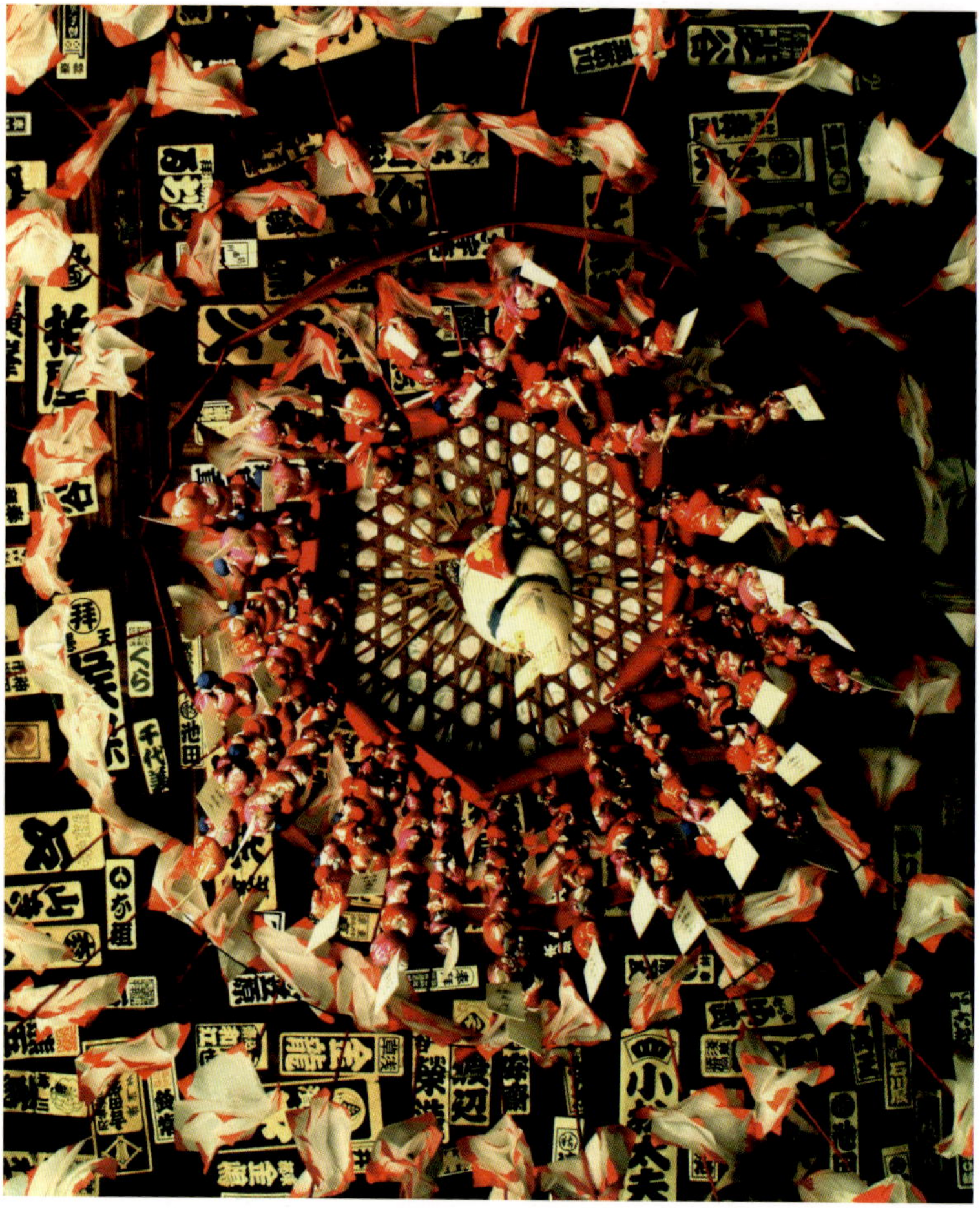

◆猿子の瓔珞（ようらく）

埼玉県秩父市・岩之上堂

堂内の天井に華やかなものが下がっている。これは「千匹猿」と呼ばれるもので、子の出産や生育の無事を願って母親たちが作って奉納したものである。

綿を布で包むようにして小猿の形に縫ってある。良く見るとその形は這い子や胎児にも見える。華やかな願いの形である。瓔珞とは天蓋などに付ける飾り物のこと。素朴で美しい願いの姿である。

これに似た形のものは、奈良の「おさる（庚申）」や飛騨の「さるぼぼ」などがあり、房総などにも似た祈りの形がある。

◆しばられお春

神奈川県鎌倉市材木座・五所神社

かくれキリシタンの受難像といわれる。もともとここあったものではないようだ。20 cmほどの小さな石像である。後ろ手に縛られ髪は単純に束ねられ、着物の襟は左前であることは死装束であろうか。着物は細い紐のようなもので結ばれている。囚人は荒縄が多いが縄ではなさそうだ。女の処刑を見ていた者が憐れんで彫った像だろうか。春という名はどこかに記されていたのだろうか、真実は不明である。彫像年は天和４年（1684／江戸前期）。憂いを帯びた悲しい顔だが表現力溢れる像である。同じような像が石川県金沢市にもあるという。

◆兵隊群像

静岡県藤枝市岡部町
常昌院（兵隊寺）

日露戦争の静岡連隊の戦没者供養のために二一三体の木彫兵隊像が祀られている。像は名古屋市末広町の職人が制作したもので明治42年（1909）の安置式には盛大なパレードが行われたという。最初は一一五体だったが後に追加された。中央に安置された大きな像は陸軍大佐である。

当時、常昌院本堂は老朽化していたため、日露戦争での英霊を供養するため「英霊殿」として再建された。

兵隊群像は愛知県の南知多町・中之院にもあり、そちらはコンクリート製である。

◆はり紙だらけの石　京都市東山区・安井金比羅宮

何だろう？と思う景色の一つである。巨石にベタベタと紙が貼ってあって石に穴が空いている。「縁切り縁結び碑」というらしい。高さ１．５ｍ、幅３ｍ。形代という身代わりのお札に切りたい縁や結びたい縁の願い事を書き、形代を持って穴をくぐる。手前から向こうにくぐると縁が切れ、向こうから手前にくぐると良縁を授かるらしい。その願いを書いた紙が石に沢山に貼ってある。こちらも色恋沙汰等の願い石のようだが、他の願いも叶えてくれるらしい。

◆キマラ薬師

群馬県前橋市東大室

薬師如来坐像の左右から男根がにょっきり。「きまら」はきんまら（男根）が転化したものといわれ、金麻良薬師と表されるものもある。この像は安永９年(1780)に造立された古い石仏である。

キマラ薬師の起源などは明らかではない。その形状から、伏して明らかにされないのかも知れないが全国に性神の類は多く、いずれも全く猥褻感を受けることはない子宝祈願のものである。猥褻感は微塵もないが、興味ある不思議な像ではある。

◆神田のお狸さん

東京都千代田区神田須田町・柳森神社

神社に狐はいても狸は少ない、ましてこのようなユニークな狸くんは稀だろう。

おまえはだ～れ？

柳森神社は新橋の烏森神社・日本橋堀留町の椙森神社とともに江戸三森といわれた。境内社の福寿社は、五代将軍・綱吉の母・桂昌院が信仰していた福寿神（狸）の像を祀る。

八百屋の娘から将軍の生母になった桂昌院にあやかりたいという女性たちに崇められた。当初は江戸城内に祀られていたが明治維新の際、柳森神社で祀られるようになった。

狸＝他抜き＝という意味をかけ、立身出世や金運向上の御利益もあるとして信仰を集めた。したがって狸像がある。

それにしても大きな〇袋だなぁ。

◆せざる　東京都八王子市下恩方

こちらはサルでござる。

庚申塔に彫られている猿は、一猿〜十猿・郡猿があり、圧倒的に三猿が多い。一つ増した四猿は「しざる」と読み、手を股間にあてている、つまり「しざる＝せざる」すなわち姦淫（道義に反した男女行為）するな、浮気などするなと諭しているわけである。「もっともござる」と五猿つなげる人もいるが、「無理でござる」という人も・・。

この四猿は傷みが酷くあとの二猿は壊れたのか探せど見えず、この二匹も猿だか人だか判らぬ状態だが、なかなかお目にかかれないのが「しざる＝せざる」で貴重でござる。

◆手なが足なが

山梨県北杜市下教来・諏訪神社

手長足長は「手足が異常に長い巨人妖怪で、二体は夫婦、兄弟ともいわれる。旅人を襲って食べたり、悪天候を起こしたりと悪者として知られる一方、信州や甲州などでは諏訪明神の家来とされ手長足長を祀る神社が存在し、神社彫刻にもその姿がある。また不老長寿の神仙としての伝承もある。江戸期には歌川国芳、葛飾北斎らが描いており異様で独創的な姿には不思議な魅力がある。

この手長足長は本殿の脇障子に彫られているが、建物は覆屋があるので隙間から僅かに見えるかどうかである。

写真はお願いして中に入り撮影。

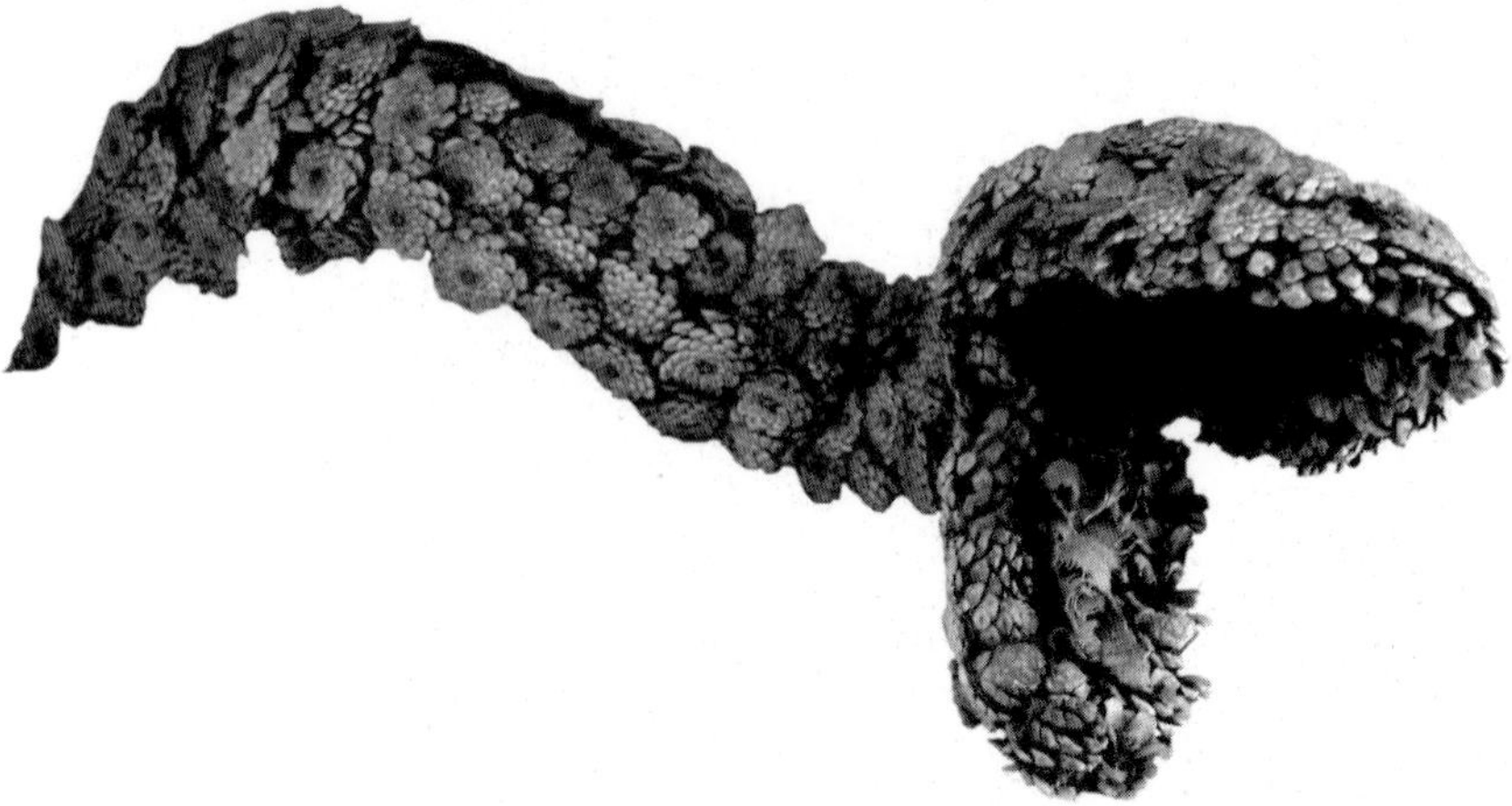

◆松笠の蛇

岐阜県中津川市・内理神社

諏訪社の正躰が蛇というのは知られているが、神体を表に出すことはないので奉納した飾り、あるいは護りの一種と考えるべきかと思うが調べても説明はない。ここだけではなく、中津川の安弘見神社や長野県木祖村の諏訪神社にもいる。松笠が見事に蛇身のウロコを表現しており、存在理由よりその素材と表現の上手さに驚かされ、興味深い。

◆鯨橋

大阪府大阪市東淀川区・瑞光寺境内

雪鯨橋（せつげいきょう／通称・くじらばし）は、全国唯一の鯨の骨で造られた橋。四世住職潭住（たんじゅう）が、宝暦６年（1756）に南紀を行脚している折、太地浦（和歌山県太地町）が不漁だったことから豊漁祈念を請われた。潭住は一旦は「殺生は五戒の一つ」として断ったが、漁民の熱意に折れて祈願し鯨が豊漁となった。その御礼として三〇両と鯨骨一八本が贈られた。潭住は鯨を供養し、すべての生き物を大切にするという祈りを込めてこの橋が造られたといわれる。

最初は欄干や橋板などは全て鯨の肋骨、欄干支柱は顎骨で造られていたが、天明の頃から橋板のみ石に換えられたという。

建立は宝暦年間（1751～1761）と伝えられるが、風化が激しくこれまでに文政12年（1829）～平成18年（2006）までの間、５回にわたって欄干の骨の部材が取り替えられてきた。橋長約６ｍ、幅約３ｍ。貴重な遺構を維持し続ける寺院の努力に頭が下がる。

雪鯨橋は、漁とは縁のない都市部に存在する点でも稀有なものである。

◆天狗の手形　和歌山県海南市・福勝寺

昔、境内にある杉の木に天狗が住んでいたという。天狗が悪さをして懲らしめられた時に本堂の縁に手をついて謝った、その時についた手形と聞く。本当？みたいな話だが、民話や伝説は概ねこんなもの。

岩手県盛岡市には、岩に残された「鬼の手形」というものがあって、県名「岩手」の由来といわれる。岩手県の方はは風化が進んでかなり見づらいが、ここの天狗の手形はかなり明確で一見に価する。

国重文の建物に天狗伝説があるなんて楽しい。かしこまっていないで「福勝寺本堂附天狗の手形」で国重文の仲間に入れて下さい、文化庁さん。

■群像

物が大量に集まると不思議な風景が現れる

◆無数の円空風仏

岩手県盛岡市松園・松園観音

看板に「万体仏　昭和43年吉日小田哲男」と記されている。小田さんという方が昭和43年に造りはじめたようだ。荒削りな木彫で円空風である。この大集合仏像群は高邁な説法よりずっと納得できる。仏像には人生訓調的な一文が書かれている。

「老人を笑うな」

「人の足を引張るな手を引張れ」等々。

「刻仏壱万体完成同時土中入定即身成仏」は氏の人生訓だろうか。凄い仏像群に暫し足が釘付けになる。

◆倉渕の百庚申

群馬県高崎市倉渕町・浅間神社　★市指定文化財

碑の四面に青面金剛百体を浮き彫りにしている稀有なものである。四面各々に25体の像が刻まれており、数が多いことを吉とする風習から造られたものだろうと考えられている。表情も少しづつ異なっている。寛政６年（1794）の造立。一石百庚申は極めて珍しい。倉渕町は双体道祖神が多いことで知られるが、他の像にも優れたものがある。

◆能登の千体地蔵

石川県輪島市曽々木海岸

千体地蔵は日本海に対峙している。千体仏は、岩壁の柱状節理が発達し先端が日本海の強い風で風化したもの。その形が無数の小さな地蔵群に見えることから、千体地蔵と呼ばれるようになった。つまり自然が彫刻した地蔵群で、奇岩の一つである。

千体地蔵の展望台から窓岩を望む眺望は素晴らしく、涼風爽やかで小一時間かけて登る価値はある。

◆猿ワールド　埼玉県鴻巣市・三ツ木神社

三ツ木神社の祭神は大山咋命を祭神としており、その眷属は猿である。拝殿の脇に眷属殿という小堂がある。つまりここは猿堂である。その堂内には六千体ともいわれる猿の石像が納められている。納めるというより積み上げられているといった方がよい。ここは婦人病に御利益がある神社で、昔からメス猿の像を奉納する習慣がある。格子の隙間から覗くと異様な世界に引き込まれます。

◆**群龍**　千葉県館山市・鶴谷八幡神社　★市文化財

鶴谷八幡の本殿は享保4年（1717）で市指定文化財である。拝殿向拝の格天井にはめこまれた百態の龍は安房の名工・後藤利兵衛義光の作品でこれも市指定である。

中央の大きな鏡龍の周りに五十四態の様々な龍がいる。文久年間に拝殿修理の際、多くの人々の寄付により奉納されたもので完成は慶応2年（1866）である。百匹はいないが多くの龍という意味だろう。潮風によるものか、木が白くなるなどやや傷みもみえるが一見の価値がある。

後藤の作品は他にも房総半島によく残っている。

↑高度な技術が楽しめる（写真は一部）

◆男鹿の万体仏

秋田県男鹿市北浦真山白根台
★県指定文化財

男鹿半島の北浦集落から真山神社への参道に小堂がある。その堂内をびっしりと小仏が埋めている。五百羅漢、千体地蔵はよくあるが万体と謳うもの稀である。一体10 cmほどの杉の木端で造られた小仏である。これが方三間堂の壁から天井まで埋め尽くしている。見た瞬間何かと思う光景で一万三千体あるともいう。小仏を彫ったのは江戸期の僧・普明といわれる。普明は愛弟子の菩提や幼くして世去った子らの供養のための仏像を彫り続けたという。

小仏には首に小布や紙で作った襟巻が巻かれ、雪国の地蔵尊を思わせる。男鹿半島を旅する時見逃せない信仰遺産である。

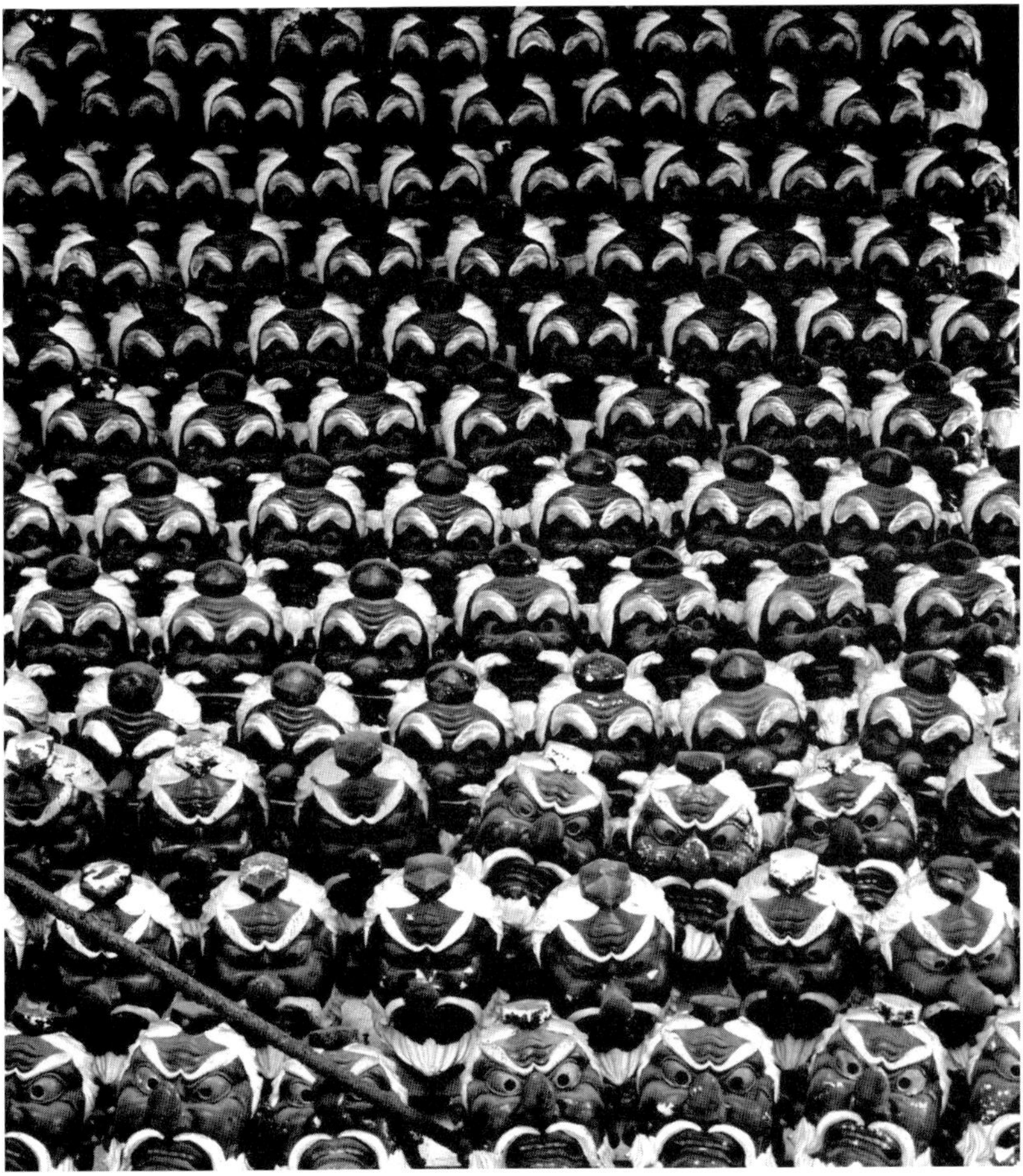

◆天狗大集合

岐阜県美濃加茂市森山町
古井の天狗山

万体仏に似た集合物だが、こちらは天狗である。今から九〇年ほど前に現在地に荒離教と称する神派を開いたのが当神社の始まりである。

祭神は主斎神荒薙大神、御嶽大神、白姫明神などで天狗を大神の使いとしているため境内には天狗が数多くいる。高さ12mの大天狗がその代表だが、それより壮観なものは拝殿の壁面にいる奉納された無数の小天狗群である。天狗は拝殿内部にもびっしりいた。見た瞬間は、その正体が何か俄かには判らず目をこする。集合物としては抜群の風景で見とれた。

おまけだが、ここの土産品である「天狗せんべい」は安くてとても旨くおすすめです。

◆あとがき　私の旅

「カメラ片手のフーテンの寅」と友は言う。
確かにぶらぶらと僅かな露銀を懐に半世紀もの放浪。山河や無名の工人たちは、私の玉手箱であり師である。自分が興味を抱いた数々の建築、集落、石仏などを訪ね続け、それらの幾つかは後に世界遺産、指定文化財となり観光物化もして自分の興味の外となったが、取材ノートにはまだ訪ねたい玉石混交の数百があり、列島の津々浦々に素敵で不思議なものたちが沢山輝いている。急がねば人生の陽が沈む。

二〇一六年　早春　　宮本和義

●釜神
カマ神は一般に「カマガミ」あるいは「カマガミサマ」と呼ばれる。土製や木製の面を竈(かまど)の神とする風習は宮城県から岩手県南部にしかない独特の風習である。かまどが無くなった今は一般家庭では見られなくなったが「平筒沼農村文化自然学習館(宮城県登米市)」など数カ所で見ることができる。

みちくさ発見伝
二〇一六年四月二〇日発行
定価　一五〇〇円＋税
著者　宮本和義 ©
編集・デザイン　アトリエＭ５
発行　アトリエＭ５
FAX　072-646-8286
E-mail：m5ukigumo@gmail.com
＊お問い合わせはメールに限らせて頂きます
＊落丁・乱丁本はお取り換え致します
印刷・製本　協友印刷株式会社

●本の内容等に関するお問合わせは著者本人に直接メールでお問い合わせください
不在が多く長くお返事できない場合が多々ありますことをご了承下さい
E-mail：kazu_44@beetle.ocn.ne.jp

おしまい